# Die
# Deutsche Civil-Proceß-Ordnung.

Betrachtet

mit Rücksicht auf den amtlichen Entwurf

und

auf die Baiersche Proceß-Ordnung in bürgerlichen Rechtsstreitigkeiten

von

Dr. jur. Silberschlag
Stadt- und Kreis-Gerichts-Rath.

Berlin.
Verlag von J. Guttentag (D. Collin).

1871.

# Inhalts-Anzeige.


§ 1. Die seit 1826 gemachten Versuche, eine gemeinsame Civil-Proceß-Ordnung für den Preußischen Staat herzustellen.

§ 2. Versuche der Einführung einer gemeinsamen Civil-Proceß-Ordnung für ganz Deutschland.

§ 3. Gründe der Abneigung der Mehrzahl der alt-preußischen Juristen gegen die neuen Civil-Proceß-Entwürfe.

§ 4. Die Baiersche Civil-Proceß-Ordnung.

§ 5. Ueber einige Grund-Principien des Processes.
1. Proceß-Betrieb durch die Parteien oder durch das Gericht.

§ 6. Anwalts-Zwang.

§ 7. Mündlichkeit oder Schriftlichkeit des Verfahrens.

§ 8. Ueber Beweis-Angabe und Beweis-Aufnahme im Proeesse.

§ 9. Die Eventual-Maxime.

§ 10. Rechtsmittel. a. Appellation. b. Rechtsmittel dritter Instanz.

§ 11. Charakter der Baierschen Civil-Proceß-Ordnung verglichen mit dem ministeriellen Entwurfe von 1871.

§ 12. Hinblick auf das alt-preußische Proceß-Verfahren und die Hannoversche Proceß-Ordnung.
Nothwendigkeit einer einheitlichen Proceß-Ordnung für Deutschland.

Das Bedürfniß einer neuen Civil-Proceß-Ordnung für den ganzen Staat hatte sich in Preußen schon seit Jahrzehenden geltend gemacht. § 1.

Seit dem Jahre 1815 bestanden im Preußischen Staate für den Civil-Proceß mehrere ganz verschiedene Gesetzgebungen. Im größern Theile des Staats galt die Allgemeine Gerichts-Ordnung, in der Rheinprovinz galt das Französische Proceßrecht, in Neu-Vorpommern und dem Bezirke des Justiz-Senats Ehrenbreitenstein galt der gemeinrechtliche Proceß, in Posen endlich bestand ein dem Französischen Proceßrecht nachgebildetes Verfahren. Schon der Gesetz-Revisions-Commission, welche im Jahre 1826 unter Vorsitz des Ministers Grafen von Dankelmann gebildet ward, war die Aufgabe gestellt, eine gemeinsame Proceß-Ordnung für den ganzen Staat auszuarbeiten.

Der erste Entwurf einer solchen ward bereits im Jahre 1827 durch den Geheimen Justizrath Reinhardt vorgelegt. Dieser Entwurf hatte im Wesentlichen die Grundsätze des Französischen Processes adoptirt, namentlich das Princip der vorwiegenden Mündlichkeit des Verfahrens, die Verhandlungs-Maxime, die wieder an Stelle der durch die Gerichts-Ordnung eingeführten Inquisitions-Maxime treten sollte, ferner den Grundsatz, daß für den ordentlichen Proceß nur zwei Instanzen und abgesehen davon das außerordentliche Rechtsmittel der Nichtigkeits-Beschwerde stattfinden sollte.

Reinhardt's Entwurf ward jedoch vom Grafen von Dankelmann nicht genehmigt, er mußte umgearbeitet werden; auch nach dieser Umarbeitung ward er nicht eingeführt, weil inzwischen der Graf von Dankelmann gestorben war und sein Nachfolger im Ministerio von Kamptz eine entschiedene Abneigung gegen das Princip der Mündlichkeit wie überhaupt gegen das ganze Rheinisch-Französische Verfahren hatte.

Es wurden jedoch auf Veranlassung des Justizministers Mühler auf Grund des umgearbeiteten Reinhardt'schen Entwurfs und theilweise mit wörtlicher Benutzung desselben für den Bezirk, in welchem die Allgemeine Gerichts-Ordnung gilt, die Verordnungen vom 1. Juni 1833 und 14. Dezember 1833 erlassen, welche mit den Principien der Allgemeinen Gerichts-Ordnung in directem Widerspruch standen, aber sich in der Praxis als höchst wohlthätig erwiesen und allgemein die Neigung zu weiteren Aenderungen des Civil-Processes hervorriefen.

Eine solche weitere Aenderung erfolgte für den Bezirk der Gerichts-Ordnung durch die Verordnung vom 21. Juli 1846, die Gerichtsorganisation aber ward durch die Verordnung vom 2. Januar 1849 unter Aufhebung der Patamonial-Gerichte umgestaltet.

Der Versuch einer Codification des Civil-Processes für den ganzen Preußischen Staat war noch einmal im Jahre 1848 gemacht, indem Koch, der berühmte landrechtliche Schriftsteller, mit Ausarbeitung eines Entwurfs des Civil-Processes beauftragt wurde; allein der von Koch ausgearbeitete Entwurf ist eben bloßer Entwurf geblieben.

§ 2. Im Jahre 1860 jedoch ward beim Juristentage zu Berlin durch den Ober-Tribunalsrath Dr. Waldeck die Einführung einer gemeinsamen Civil-Proceß-Ordnung für ganz Deutschland angeregt und wurden von Waldeck fünf Sätze aufgestellt, welche mehrere der wichtigsten bei Entwerfung der Proceß-Ordnung vorkommende Fragen behandelten.

Es waren wohl hauptsächlich die Verhandlungen des Juristentags über den Waldeck'schen Antrag, welche Anlaß gaben zu der Königlichen Cabinetsordre vom 25. Februar 1861, auf Grund deren die unter Vorsitz des Ministers a. D. Bornemann eine Commission gebildet wurde, um eine Civil-Proceß-Ordnung auszuarbeiten, die sich zur Einführung in alle Landestheile Preußens und wo möglich auch zur Herbeiführung einer gemeinsamen Deutschen Gesetzgebung eignen sollte.

Im Jahre 1864 ward der Entwurf dieser Commission mit Motiven veröffentlicht, nachdem einige Zeit vorher der Vorsitzende dieser Commission Bornemann gestorben war.

Leider fand dieser Entwurf bei der entschiedenen Mehrzahl der Preußischen Richter, namentlich bei den Mitgliedern der Obergerichte, nicht die Anerkennung, die er trotz mancher einzelnen Mängel wohl verdient hatte.

Der entschiedene Widerspruch fast aller Preußischen Appellations-Gerichte war es wohl auch, der die Veranlassung zur Nichteinführung des Entwurfs gab.

Fast gleichzeitig mit demselben war der Entwurf einer allgemeinen Deutschen bürgerlichen Proceß-Ordnung von einer Commission Oestreichischer, Bairischer, Hannoverscher und anderer Deutschen Juristen in Hannover ausgearbeitet worden, welcher trotz seiner unleugbaren Gründlichkeit mit dem Preußischen Entwurfe das Schicksal theilte, bloßer Entwurf zu bleiben.

Auf Grund des Artikel 4 Ziffer 13 der Verfassung des Norddeutschen Bundes und — wie es in den officiellen Motiven heißt — „um dem vielfach kundgegebenen Verlangen nach einer solchen gemeinsamen Gesetzgebung zu genügen" ward hiernächst zu Folge Beschlusses des Bundesraths vom $\frac{\text{2. October}}{\text{10. December}}$ 1867 eine Commission zur Ausarbeitung einer Proceß-Ordnung für den Norddeutschen Bund berufen. Diese Commission begann ihre Berathungen am 3. Januar 1868 und setzte sie bis zum 21. Juli 1869 in 229 Sitzungen fort, worauf der erste Theil des Entwurfs als Resultat dieser Berathungen veröffentlicht wurde. Nachdem die fernern Berathungen der Commission bis zum 23. December 1869 fortgesetzt waren, erschien der vervollständigte Entwurf. Er hatte dasselbe Schicksal, wie seine Vorgänger, nur als Material für fernere Berathungen und Entwürfe zu dienen.

Der neueste im Königlichen Preußischen Justiz-Ministerio ausgearbeitete „Entwurf einer Deutschen Civil-Proceß-Ordnung mit Motiven" ist im Jahre 1871 veröffentlicht. Die juristische Litteratur hat noch keine Zeit gehabt, sich darüber zu äußern, indessen sind mehrere der wichtigsten Bestimmungeu dieses Entwurfs auf dem Juristentag zu Stuttgart Gegenstand der Berathung und Beschlußfassung gewesen.

Was namentlich das im Entwurf aufgestellte Princip der Abschaffung der Appellation betrifft, so hat sich die Proceß-Deputation des Juristentages mit größter Entschiedenheit gegen dasselbe erklärt.

Nach diesem Vorgange halten wir es für wahrscheinlich, daß dieser neueste Entwurf noch weit weniger als die Entwürfe von 1864 und 1869 den Beifall der Mehrheit der Deutschen Juristen finden wird.

Die Geschichte des Versuches der Einführung eines gemeinsamen Deutschen Civil-Processes, wie solche seit 1860 vor uns liegt, ist somit bis jetzt durchaus nicht geeignet, einen erfreulichen Eindruck zu machen. Wieviel rascher hat man zu anderen Zeiten derartige Gesetzgebungs-Werke zu Stande gebracht!

In Frankreich z. B. ward die Ordonnanz vom 20. April 1667, welche den Civil-Proceß regelte und im code de procédure civile fast wörtlich wiederholt ist, somit eigentlich noch jetzt dem Französischen Processe zu Grunde liegt, binnen der Frist von nicht viel mehr als einem Jahre ausgearbeitet. (Ranke, Band 10, S. 189 seiner sämmtlichen Werke.)

Und mit wie viel weniger Aufwand an Zeit, Arbeit und Kosten, als jetzt schon die verschiedenen Entwürfe des Civil-Processes verursacht haben, ist in den letzten Jahrzehnten nicht nur die Deutsche Wechsel-Ordnung, sondern auch das Handelsgesetzbuch und das Strafgesetzbuch zu Stande gebracht!

§ 3. Gründe der Abneigung der alt-Preußischen Juristen gegen die neuen Civil-Proceß-Entwürfe.

An lebendiger Theilnahme der Deutschen Juristen für die Ausarbeitung der neuen Proceß-Ordnung hat es gewiß nicht gefehlt. Diese Theilnahme ist für den Proceß sogar eine viel größere gewesen, als z. B. für die Codification des Handelsrechts. Es ist dies leicht erklärlich.

Von der Gestaltung des Processes hängt die tägliche Beschäftigung der Juristen sowie die Organisation der Gerichte ab; diese ist daher für den Juristen weit wichtiger, als die meisten Bestimmungen des materiellen Rechts.

Der lebhafte Widerspruch, den die neuen Proceß-Entwürfe seit dem Jahre 1864 sämmtlich bei den sogenannten alt-Preußischen, d. h. den im Gebiete der A. G. O. beschäftigten Juristen gefunden hat, hat, abgesehen davon, daß Niemand gern sich an Stelle der alt-gewohnten einer ganz neuen Art der Beschäftigung, welche er erst mit Mühe kennen lernen muß, unterzieht, vorzugsweise zwei Gründe:

1) Die Erledigung der Processe im Gebiete des alt-Preußischen Processes war bisher im Allgemeinen eine rasche und materiell gute. Freilich ward dies Resultat nur erreicht durch einen erheblich größeren Aufwand an Arbeitslast und Anstrengung, als welche in der Rheinprovinz zur Erledigung der Processe erforderlich ist. Der im Gebiete des alt-Preußischen Processes erforderliche übermäßige Aufwand an Arbeit Behufs Bearbeitung der Processe hat wesentlich beigetragen zu der Nothwendigkeit, in den alt-Preußischen Provinzen eine verhältnißmäßig so große Zahl von Richtern (im Verhältniß noch einmal so viel als in der Rheinprovinz) anzustellen, und hiermit hängt wieder die

kärgliche Besoldung der Richter zusammen, in Folge deren es jetzt dahin gekommen ist, daß es schwer ist, alle Richterstellen zu besetzen, ja, daß, wenn jetzt Freiheit der Advocatur eingeführt würde, es sofort an Richtern zur Besetzung der vorhandenen Stellen fehlen würde.

Immerhin aber bleibt das Resultat bestehen, daß die Erledigung der Processe im Gebiete des alt-Preußischen Processes bis jetzt im Ganzen eine gerechte und rasche war.

2) Die neuen Entwürfe beschränkten sich nicht darauf, ein Verfahren vorzuschlagen, das sich bereits in der Praxis bewährt hatte, sondern sie sahen vielfach von allen Erfahrungen ab, die man in unserm Vaterlande oder anderwärts gemacht hat, und suchten den Proceß auf Grund theoretischer Speculation ganz a priori zu construiren.

Dabei kamen sie auf Vorschläge, die bis jetzt noch nirgend praktisch verwirklicht sind und deren Zweckmäßigkeit im höchsten Grade zweifelhaft ist.

Dies ist der Vorwurf, den namentlich Plathner in seiner Schrift: „Der richtige Weg zur Herstellung der Deutschen Civil-Proceß-Ordnung“ gegen den zu Anfang 1871 vorliegenden Entwurf einer Deutschen Civil-Proceß-Ordnung erhoben hat, der sich aber mit weit mehr Recht gegen den jetzt vorliegenden Entwurf des Civil-Processes erheben läßt.

§ 4. Die Baiersche Civil-Proceß-Ordn.

Während nun in dieser Weise die Versuche der Herstellung einer gemeinsamen Proceß-Ordnung für ganz Deutschland oder auch nur für den Preußischen Staat bis jetzt erfolglos geblieben sind, hat Baiern, wo bisher, wie in Preußen, in den verschiedenen Landestheilen verschiedene Proceßgesetzgebungen galten, für sich eine gemeinsame Civil-Prozeß-Ordnung geschaffen, und ist diese am 1. Juli 1870 ins Leben getreten.

Bei der Erfolglosigkeit der bisherigen gemeinsamen Deutschen Bemühungen war es der Bairischen Regierung gewiß nicht zu verdenken, daß sie auf eigene Hand vorging. Sie hat auch den Fehler vermieden, rein nach abstracten Principien das Verfahren einrichten zu wollen, vielmehr hat sie in der Hauptsache die Französische Proceß-Ordnung, welche seit ungefähr 70 Jahren in Rheinbaiern gilt, zu Grunde gelegt, und so ein durchaus brauchbares Werk geschaffen, das sich schon jetzt nach kaum einjähriger Geltung allgemeine Anerkennung erworben hat.

Wenn nun darüber kein Zweifel ist, daß eine gemeinsame Civil-Proceß-Ordnung für Deutschland im Interesse der Einheit des Reichs durchaus nöthig ist, so sind wir ferner der Ansicht, daß es besser ist, dasjenige, was sich durch die Erfahrung nicht blos des Auslandes, sondern auch Deutscher Landestheile, namentlich der Preußischen und Bairischen Rheinlande, als gut bewährt hat, einfach anzunehmen, als blos auf Grund abstracter Theorien ganz neue Schöpfungen zu versuchen und gewissermaßen mit den Processen Experimente zu machen.

Wir halten es daher für rathsamer, die Bairische Civil-Proceß-Ordnung, so wie sie ist, als Deutsche Proceß-Ordnung einzuführen, als den jetzt vorliegenden im Preußischen Justiz-Ministerio ausgearbeiteten Entwurf einzuführen oder letzteren noch einmal zum Gegenstande einer Revision zu machen.

Um diese Ansicht näher zu begründen, müssen wir einige der Hauptprincipien des Civil-Processes einer kurzen Betrachtung unterziehen.

§ 5. Ueber einige Grund-Principien des Processes:
1. Proceßbetrieb durch die Parteien oder durch das Gericht.

## I. Proceßbetrieb durch die Parteien oder durch das Gericht. Wie weit soll die Thätigkeit der Parteien und wie weit die der Gerichte gehen?

Neben der Frage der Mündlichkeit oder Schriftlichkeit des Verfahrens erscheint uns als erste und wichtigste Frage in Bezug auf die Behandlung des Processes die, ob der Betrieb des Processes in den Händen der Parteien oder in denen des Gerichts sein soll.

Das Natürlichste ist offenbar, den Parteien, in deren Händen es ja steht, ob sie überhaupt Klagen anstellen, resp. die gegen sie angestellten Klagen beantworten wollen, auch den ganzen Betrieb der Processe zu überlassen und dem Richter blos die Proceßleitung, welche vom Proceßbetriebe durchaus verschieden ist, und die Entscheidung zu überlassen.

Die Geschichte des Processes zeigt auch, daß ursprünglich überall der Proceßbetrieb in den Händen der Parteien war.

Dies änderte sich jedoch im Preußischen Staate bei Gelegenheit der im Jahre 1781 durch den Großkanzler Carmer bewirkten gänzlichen Umgestaltung der Justiz.

Es ward durch die Carmer'sche Justiz-Reform dem Richter die Pflicht auferlegt, die Wahrheit von Amtswegen zu ermitteln. Dies neue Princip und mehr noch die damit in Verbindung stehende Aufhebung der Advocatur, welche Carmer für gemeingefährlich hielt, führte dahin, den ganzen Proceßbetrieb dem Gericht zu übertragen.

Gegenwärtig ist nun zwar die Advocatur in Preußen wieder eingeführt, auch ist die Carmer'sche Inquisitions-Maxime wieder durch das Verhandlungs-Princip ersetzt, allein der Betrieb des Processes ist in den Händen des Gerichts verblieben.

Der Richter prüft die Zulässigkeit und Vollständigkeit der Klage vor ihrer Einleitung, er setzt sämmtliche Termine an, vermittelt den Schriftenwechsel zwischen den Parteien und leitet die Executionen durch Beamte, die seiner Disciplinargewalt unterworfen sind; die Partei hat ferner das Recht, Klage, Klagebeantwortung, Replik und Duplik, statt solche durch einen Anwalt anfertigen zu lassen, vor einem Richter zu Protocoll zu geben, wodurch der Richter genöthigt ist, in Bezug auf die anzufertigende Schrift selbst als Anwalt der Partei zu fungiren.

Nicht einmal der Vortrag der Sache in der mündlichen Verhandlung vor Collegial-Gerichten ist nach dem jetzigen alt-Preußischen Processe den Parteien oder ihren Vertretern überlassen, sondern einer der Richter trägt auf Grund eines schriftlichen Referats die faktischen Auslassungen der Parteien, wie solche in den gewechselten Schriften enthalten sind, vor, und den Parteien wird hiernächst gestattet, ihre Bemerkungen und die etwa noch zulässigen neuen Anführungen dem Gerichte vorzutragen.

Das ganze Verfahren beruht also immer noch auf dem Principe, von der durch die Verhandlung des Processes verursachten Arbeitslast möglichst viel dem Gerichte und möglichst wenig den Parteien zu übertragen, die letztern überall durch den Richter zu bevormunden.

Den geraden Gegensatz dieses Verfahrens finden wir im Rheinisch-Französischen Processe.

Dieser beruht darauf, daß schon in erster Instanz die Parteien, sobald es sich um Objekte handelt, welche die Competenz des Einzelrichters überschreiten, durch Anwälte vertreten sein müssen, daß diese durch Schriften, welche sie ohne Zuziehung des Gerichts wechseln, die mündliche Verhandlung vorbereiten, daß sie auch selbst den Stand der Sache dem Gerichte vortragen und daß die Vollstreckung der Execution der Regel nach nicht durch das Gericht, sondern durch eigene Vollstreckungsbeamte (in Frankreich huissiers genannt, in Hannover Gerichtsvögte) erfolgte, welche von den Parteien gewählt werden und weit mehr Selbstständigkeit besitzen, als die Gerichtsboten und Executoren im Gebiete des alt-Preußischen Processes.

Die Hannoversche und Baiersche Civil-Proceß-Ordnung sowie die Proceß-Entwürfe von 1864 und 1871 haben gleichfalls dem Principe des Proceßbetriebs durch die Parteien sich angeschlossen, stimmen jedoch in den Einzelnheiten der Anwendung dieses Princips nicht ganz überein.

Werfen wir nun die Frage auf, ob ein möglichst ausgedehnter Proceßbetrieb durch die Parteien oder Proceßbetrieb durch das Gericht den Vorzug verdiene, so wird von vornherein wohl jedermann geneigt sein, sich für die erste Alternative zu entscheiden. Es ist seit der Zeit Adam Smith's ein in der Staatswirthschaftslehre anerkannter Satz, daß der Staat nur das durch seine Beamten thun soll, was durch Privatleute entweder gar nicht oder nicht ebenso gut geschehen kann.

Der Staat überläßt jetzt den Bau und Betrieb der Eisenbahnen und sonstigen Verkehrsstraßen, sowie den Betrieb der Bergwerke der Privat-Industrie.

Dem entspricht es, daß er auch bei der Rechtspflege durch seine Beamten, die Richter, nur das thun läßt, was durch die Parteien und deren Vertreter nicht ebenso gut geschehen kann, daß er also den ganzen Proceßbetrieb den Parteien überläßt und dem Gerichte nur Leitung und Entscheidung des Processes vorbehält.

Dieser Grundsatz würde auch gewiß ganz allgemein anerkannt sein, wenn nicht vielfach noch ein großer Widerwille gegen die Einführung des Anwaltzwangs vorherrschend wäre. Es ist aber allerdings nicht in Abrede zu stellen, daß ein ausgedehnter Proceßbetrieb durch die Parteien nur möglich ist, wenn man im Verfahren vor Collegial-Gerichten den Anwaltszwang einführt.

Dies Institut müssen wir daher zunächst zum Gegenstand der Betrachtung machen.

## II. Der Anwaltszwang.

§. 6. Anwaltszwang.

Der Anwaltszwang besteht bekanntlich beim Gerichtsverfahren vor Collegial-Gerichten nach Rheinisch-Französischem sowie nach Baierschem und Hannoverschem Verfahren. Er findet sich jedoch nicht in dem gemeinrechtlichen Processe.

Im jetzigen alt-Preußischen Processe besteht er für das Verfahren zweiter und dritter Instanz, aber nicht für das Verfahren erster Instanz. In dem Processe des codex Fridericianus, der vom Großkanzler Cocceji abgefaßt im Jahre 1748 im Preußischen Staate eingeführt wurde und bis 1781 bestand, war der Anwaltszwang auch für das Verfahren erster Instanz beim Processe vor Obergerichten vorgeschrieben.

Es handelt sich daher für die alt-Preußischen Provinzen in der That nur um Einführung dessen, was Cocceji bei den Obergerichten für nöthig hielt, bei den sämmtlichen collegialischen Gerichten.

Man pflegt gegen den Anwaltszwang anzuführen, daß er eine unnöthige Bevormundung der Parteien enthalte, daß es der natürlichen Freiheit entspreche, wenn jeder das Recht habe, selbst seine Rechte vor Gericht wahrzunehmen, und daß der Anwaltszwang eine willkürliche Erfindung des Französischen Processes sei.

Was nun zunächst die letztgedachte Behauptung betrifft, so ergiebt die Geschichte des Processes, daß ein indirecter Anwaltszwang schon in den ältesten Zeiten bei den meisten Nationen, deren Einrichtungen man näher kennt, jedenfalls aber bei den Römern und Deutschen bestanden hat. Dieser indirecte Anwaltszwang bestand darin, daß für die Klagen sowohl als für die meisten andern gerichtlichen Handlungen gewisse Formeln vorgeschrieben waren, die aufs Strengste beobachtet werden mußten und die Niemand als die Rechtsverständigen kannten.

So war es bei den Römern in der Zeit nach Einführung der 12 Tafeln mit den legis actiones, die certis et solemnibus verbis abgefaßt waren und von denen Gajus sagt: „immutabiles aeque ac leges observabantur.“ (Gaji institutiones IV, § 11 ff.) Wer diese solennen Worte nicht beobachtete, wer z. B. wenn er wegen des Abhauens von Weinstöcken klagte, in der Klageformel „von abgehauenen Weinstöcken“ sprach, verlor den Proceß, denn da in den 12 Tafeln nur von abgehauenen Bäumen und nicht von abgehauenen Weinstöcken die Rede war, hätte er in der Klageformel nur von abgehauenen Bäumen reden sollen.

Ganz ähnlich galt im alten Deutschen Processe, wie er bis zum 15. Jahrhundert bestand, die Regel: „Qui cadit a syllaba, cadit a causa“, d. h. wer von den üblichen Klageformeln auch nur ein Wort falsch sprach, verlor den Proceß. Der Sachsenspiegel sagte daher ausdrücklich, es sei der Partei zwar gestattet, ohne Anwalt zu klagen, sie sei dann aber in Gefahr, wenn sie sich in einem Worte der gerichtlichen Formeln verspreche, den Proceß zu verlieren. Wenn der Anwalt (vorspreke genannt) sich in einem Worte versprach, wurde dies Versehn entschuldigt; dies war aber nicht der Fall, wenn die Partei selbst sich versprach. (Sachsenspiegel, Buch I. Artikel 60: Sunder vorspreken mut wol klagen en man unde antwerden, of he sik scaden getrosten wel, die ime dar an bejegenen mach, of he sik vorspriet, des he sic nicht erhalen ne mach, alse he bi deme vorspreken wol mut, die wile he an sin wort nicht ne jet. — Daß diese Regeln nicht blos bei den Sachsen galten, sondern auch im übrigen Deutschland, beweist Leyser in seinem meditationes ad Pandectas, Bd. I. S. 36 ff. und Buch VIII. S. 209.)

Man kann überhaupt als unzweifelhaft ansehen, daß überall, wo strenge Formen für die processualischen Handlungen bestehen, ein indirecter Anwaltszwang besteht. Dies gilt auch namentlich von England, wo die sogenannten Originalschreiben (original writs), mit denen jeder gemeinrechtliche Proceß begann, schon im 13. Jahrhundert in bestimmten, unabänderlichen Worten, die nur durch Gesetze geändert werden konnten, abgefaßt sein mußten. (Cox, die Staatseinrichtungen Englands, übersetzt von Kühne, S. 463.)

Statt dieses indirecten Anwaltszwangs haben nun viele neuere Gesetzgebungen den directen Anwaltszwang eingeführt.

Er beruht auf der Idee, daß zwar jedem freisteht, selbst zu entscheiden, ob er klagen will oder nicht, sowie ob er eine gegen ihn angestellte Klage beantworten will oder nicht, daß jedoch, wer vor Gericht auftreten will, dies in den Formen thun muß, die im Interesse der öffentlichen Ordnung vorgeschrieben sind. Das Gericht muß jedem, der sich an dasselbe wendet, aufmerksames Gehör schenken, aber es ist auch befugt, eine Garantie dafür zu erlangen, daß es nicht stundenlange Erörterungen anzuhören braucht, die für Entscheidung des Processes ohne Werth sind und daß es nicht Schriftstück von vielen Bogen erhält, aus denen sich nicht das Mindeste für den Proceß Erhebliche ergiebt.

Die Garantie für Angemessenheit der Vorträge fand man im Alterthume und in England bis auf die neueste Zeit in solennen Formeln, die zur Annahme von Rechtsbeiständen zwangen; das Rheinisch-Französische Verfahren findet sie eben darin, daß der Partei ein Rechtskundiger als Beistand zur Seite stehen muß.

Der gesetzliche Anwaltszwang schließt natürlich nicht aus, daß die Partei in Gegenwart ihres Anwalts selbst das Wort ergreift.

Uebrigens hat auch nach jetzigem alt-Preußischen Processe, obgleich dieser den Anwaltszwang für die erste Instanz nicht kennt, die Partei keinesweges das Recht, Alles, was sie will und wie sie will, dem Gerichte vorzutragen.

Was zunächst die Erklärungen betrifft, durch welche die mündliche Verhandlung vorbereitet wird, so werden auch nach alt-Preußischem Processe Klagebeantwortung, Replik und Duplik nur dann schriftlich angenommen, wenn sie von einem Rechtsanwalt unterschrieben sind. Allerdings aber dürfen die Parteien auch, statt schriftliche Klagebeantwortung, Replik oder Duplik zu überreichen, diese Erklärungen vor Gericht zu Protokoll erklären. In letzterem Falle aber hängt es lediglich von dem Gerichtsbeamten, der das Protokoll aufnimmt, ab, in welcher Form er die Erklärungen der Parteien wiedergeben will.

Der Unterschied zwischen dem alt-Preußischen und Rheinisch-Französischen Verfahren ist also in dieser Beziehung nur der, daß bei letzterem Verfahren die Auslassung der Partei gegenüber den Collegial-Gerichten vermittelt wird durch einen von der Partei freigewählten Anwalt, während beim alt-Preußischen Verfahren, sobald die Partei keinen Anwalt hat, diese Vermittelung erfolgt durch einen Gerichtsbeamten, dessen Person durch die Partei nicht bestimmt wird, daß ferner in der mündlichen Verhandlung selbst nach Preußischem Verfahren die Partei allein erscheinen und sprechen darf, während sie nach Rheinisch-Französischem Verfahren nur unter Zuziehung eines Anwalts auftreten darf.

Will man in letzterem Verfahren eine Bevormundung der Parteien finden, so muß man, wenigstens was das Verfahren bis zur mündlichen Verhandlung betrifft, solche auch im alt-Preußischen Verfahren finden. Sollte man ferner den Anwaltszwang principiell verwerfen, so müßte man ihn auch für das Verfahren in der zweiten und dritten Instanz ausschließen, was selbst die Gegner des Anwaltszwanges nicht thun.

Wir sind daher entschiedene Anhänger der Ausdehnung des Anwaltszwanges auf die Verhandlungen erster Instanz vor Collegial-Gerichten, jedoch mit Ausschluß von Handels- und Wechsel-Sachen, die, wie die Erfahrung zeigt, meistens so einfach sind, daß es einer Zuziehung von Anwälten nicht bedarf.

Die neueren Proceß-Entwürfe, sowohl der der Bornemann'schen Commission von 1864 als die von 1870 und 1871, haben sämmtlich den Anwaltszwang adoptirt. Ebenso ist er in der Hannoverschen und Bairischen Proceß-Ordnung angenommen.

Auch hatte sich auf Waldecks Antrag schon der zweite Juristentag für den Anwaltszwang erklärt.

Es bedarf daher wohl keiner weiteren Rechtfertigung desselben; doch wollen wir noch darauf hinweisen, daß die Uebertragung des Proceßbetriebes an die Parteien und die damit zusammenhängende Einführung des Anwaltszwanges consequenter Weise auch dahin führen, die Vollstreckung der Executionen selbstständigen Beamten nach Art der Französischen Huissiers oder der Hannoverschen Gerichts-Vögte und die Abhaltung von Bietungs-Terminen bei Subhastationen Notaren zu übertragen.

## III. Mündlichkeit oder Schriftlichkeit des Verfahrens.

Statt der Ausdrücke „Schriftlichkeit oder Mündlichkeit des Verfahrens“ hat man neuerdings öfters die Ausdrücke „Mittelbarkeit oder Unmittelbarkeit des Verfahrens“ gewählt, indem man davon ausging, durch das mündliche Verfahren werde das Gericht unmittelbar über die Anträge und Ausführungen der Parteien unterrichtet, während dies beim schriftlichen Verfahren nur mittelbar durch Mittheilung des Inhalts der Schriften der Parteien geschehe. Indessen kommen die Ausführungen der Parteien auch dann unmittelbar zur Kenntniß des Gerichts, wenn die Schriften derselben wörtlich vorgelesen werden, mag dies Vorlesen nun durch die Parteien selbst oder durch ihre Anwälte oder einen Richter geschehen. § 7. Mündlichkeit oder Schriftlichkeit des Verfahrens.

Wir ziehen daher vor, statt der Ausdrücke „Mittelbarkeit oder Unmittelbarkeit des Verfahrens“ die einfachen Ausdrücke „Mündlichkeit oder Schriftlichkeit“ beizubehalten.

Ueber die Vorzüge der Schriftlichkeit oder Mündlichkeit ist seit einem halben Jahrhundert in Deutschland unendlich viel geschrieben.

Der gemeine Deutsche Civil-Proceß war seit Ende des 16. Jahrhunderts ein rein schriftlicher gewesen, im Brandenburgisch-Preußischen Processe hatte sich ein Proceß mit mündlicher Schlußverhandlung bis zur Carmer'schen Justiz-Reform im Jahre 1781 erhalten; seit jenem Jahre war auch in Preußen das Verfahren ein rein schriftliches gewesen.

Lange Zeit herrschte nun bei den Deutschen Juristen die Ansicht, daß die Mündlichkeit sich mit der Gründlichkeit des Verfahrens nicht vertrage; den Juristen, welche die Mündlichkeit vertheidigten, warf man blinde Vorliebe für ausländische, namentlich Französische Einrichtungen vor; man führt aus, die Mündlichkett entspreche der Französischen Leichtfertigkeit und Arbeitsscheu, während der Deutsche Fleiß und die Deutsche Gewissenhaftigkeit Schriftlichkeit des Verfahrens verlange.

Jetzt sind diese Vorwürfe gegen die Mündlichkeit verstummt. Dagegen zeigt sich jetzt vielfach das Bestreben, das Princip der Mündlichkeit auf die Spitze zu treiben und es in einem viel weiteren Umfange zur Anwendung zu bringen, als dies bisher da, wo man von jeher Mündlichkeit hatte, üblich war. Diese Uebertreibung des Princips der Mündlichkeit halten wir für durchaus verfehlt.

Bei keiner civilisirten Nation kann man daran denken, die Anwendung der Schrift im Proceß ganz auszuschließen. So wenig die Schrift bei verwickelten Geschäften des bürgerlichen Lebens zu entbehren ist, so wenig läßt sie sich im Civil-Proceß entbehren.

In der That hat auch seit mehr als 2000 Jahren ein rein mündliches Verfahren mit gänzlichem Ausschluß der Schrift bei keiner gebildeten Nation bestanden.

Sehen wir auf den Attischen Proceß, den ältesten Proceß einer gebildeten Nation, von dem man genaue Kenntniß hat, so fand in diesem die Haupt-Entscheidung nach einer mündlichen Verhandlung vor dem versammelten Gericht Statt. Diese mündliche Verhandlung wurde jedoch schon seit Solons Zeit vorbereitet durch Schriftwechsel zwischen den Parteien sowie auch, wenn eine der Parteien Vernehmung von Zeugen für nöthig hielt, durch Vernehmung dieser Zeugen zu Protokoll und deren Beeidigung. Diese protokollarischen Aussagen der Zeugen konnten dann vor Gericht verlesen werden; die Vernehmung der Zeugen selbst vor Gericht fand in Civil-Processen nicht Statt.

Im alten Rom trat ein schriftliches Element in den Proceß schon zu der Zeit, als der praetor durch eine schriftliche Formel dem judex oder arbiter Anweisung über Verhandlung der Sache zu geben anfing, also jedenfalls schon seit Erlaß der lex Aebutia, die man bekanntlich bald nach dem zweiten Punischen Kriege setzte.

Auch in England findet eine meistens sehr weitläufige Vorbereitung der mündlichen Verhandlung des Civil-Processes durch gewechselte Schriften Statt.

Wie kann man überhaupt hoffen, im Civil-Processe, in dem es sich häufig um die schwierigsten und weitläufigsten Sachen handelt, die Schriftform nicht nöthig zu haben, da diese ja nicht einmal im Criminal-Processe zu entbehren? Wir nennen das Verfahren, das wir jetzt in Preußen in Schwurgerichts-Sachen haben, ein mündliches und mit Recht, denn die entscheidende Verhandlung vor den Geschworenen ist ist eine mündliche, allein diese Verhandlung wird vorbereitet durch eine schriftliche Vor-Untersuchung, in der alle Zeugen, welche der Untersuchungsrichter für erheblich hält, sowie der Angeklagte vernommen werden, sowie durch schriftliche Anklage und schriftlichen Beschluß die Versetzung in den Anklagestand.

Die Uebertreibung der Mündlichkeit, welche jetzt vielfach namentlich von Theoretikern verlangt wird und leider zum Theil in den neuesten vom Preußischen Justiz-Ministerio vorgelegten Entwurf des Civil-Processes Eingang gefunden hat, zeigt sich vorzugsweise in drei Beziehungen, nämlich einmal in mangelhafter Vorbereitung der mündlichen Verhandlung, sodann in ungenügender Fixirung der Partei-Erklärungen durch die Schrift und drittens in unpraktischer Ausdehnung des Princips der Mündlichkeit auf das Beweis-Verfahren.

Betrachten wir zunächst die beiden ersten Punkte:

### a. Vorbereitung der mündlichen Verhandlung.

Der Rheinisch-Französische Proceß verlangt, daß die mündliche Verhandlung im ordentlichen Processe durch Anwälte vorbereitet werde. Deren Sache ist es, die zur Vorbereitung erforderlichen Schriftsätze zu wechseln. Es sollen der Regel nach nur drei Schriften gewechselt werden. (Klage, Klagebeantwortung, Replik.) Jedenfalls darf nur für drei Seitens der Anwälte liquidirt werden. Sobald einer der Anwälte glaubt, daß die Sache durch den Schriftwechsel genügend vorbereitet sei, bringt er sie zur mündlichen Verhandlung vor das Gericht.

Abweichend hiervon sind die Bestimmungen der Hannoverschen Proceß-Ordnung vom 8. November 1850.

Nach dieser beginnt der ordentliche Proceß mit Zustellung der motivirten Klage-Anträge an den Verklagten und dessen Vorladung zur mündlichen Verhandlung. Der Termin zur letzteren wird vom Vorsitzenden des Gerichts angesetzt. Der Beklagte ist verpflichtet, bei Vermeidung der Tragung der Kosten des verzögerten Rechtsstreites dem Kläger bis zu einem bestimmten Zeitpunkte vor dem Audienz-Termin schriftliche Gegenanträge mit seinen Gegengründen behändigen zu lassen.

Auf Grund dieser Anträge und Gegenanträge findet nun die mündliche Verhandlung des Hannoverschen Processes Statt.

Diese ist daher häufig nicht so gut vorbereitet, als dies nach Rheinischem Verfahren in der Regel bei schwierigen Sachen der Fall sein wird.

Einen erheblichen Mangel der Hannoverschen Proceß-Ordnung wird man jedoch hierin wohl nicht finden können, denn einmal ist nach dieser das Gericht befugt, auf Antrag beider Parteien oder auch nur des Beklagten ein schriftliches Verfahren bis zur Duplik zu gestatten und sodann ist das Gericht immer befugt und verpflichtet, wenn eine der Parteien in Bezug auf die Anführungen der letzten Schrift ihres Gegners noch nicht gehörig informirt ist, den ersten Termin zur mündlichen Verhandlung zu verlegen.

Der Entwurf der Deutschen Proceß-Ordnung vom Jahre 1871 hat sich in § 222 ff. in Bezug auf die Vorbereitung der mündlichen Verhandlung dem Hannoverschen Verfahren angeschlossen. Auch nach dem Entwurfe sollen in der Regel vor der mündlichen Verhandlung nur Klage und Klagebeantwortung gewechselt werden, wenn jedoch diese beiden Schriften zur Vorbereitung der mündlichen Verhandlung nicht genügen, kann das Gericht noch fernere Schriften binnen der von ihm zu bestimmenden Fristen erfordern. (§ 223.)

### b. Fixirung der Partei-Erklärungen durch die Schrift. — Schriftliche Grundlage der Entscheidungen.

Es ist bisher überall, wo Mündlichkeit des Processes herrscht, anerkannt worden, daß irgend eine schriftliche Grundlage der mündlichen

Verhandlung vorhanden sein muß. Im alt-Preußischen Processe bilden die bis zur mündlichen Verhandlung gewechselten Schriften und das auf deren Grund angefertigte schriftliche Referat eines der Richter die schriftliche Grundlage der mündlichen Verhandlung, im Rheinisch-Französischen Verfahren wird derselbe Zweck erreicht durch die motivirten Anträge (conclusions motivées), welche die Anwälte dem Gerichte überreichen und welche außer den Anträgen der Parteien selbst eine kurze factische und rechtliche Begründung derselben enthalten. Auch die Bornemann'sche Commission hatte in den Proceß-Entwurf von 1864 diese motivirten Anträge aufgenommen, indem sie zur Rechtfertigung derselben Folgendes sagte (Motive des Entwurfs S. 66):

„Die Partei-Anträge bieten für das Verfahren mannichfache Vortheile dar:

a. die Anwälte werden genöthigt, ihre Anträge klar und präcis zu formuliren;

b. das Verständniß der mündlichen Vorträge wird dem Richter erleichtert; ohne daß die Unmittelbarkeit der mündlichen Verhandlung beeinträchtigt wird, bilden die Partei-Anträge eine schriftliche Grundlage, einen Leitfaden für dieselbe;

c. die schriftliche Fixirung erfolgt ohne Belästigung des Gerichts durch die Anwälte; das Audienz-Protokoll braucht zur Feststellung von Thatsachen nur in Ausnahmsfällen benutzt zu werden;

d. die Darstellung des Sachverhältnisses durch den Richter in dem Urtheile wird durch die Partei-Anträge in der Regel entbehrlich;

e. die Partei-Anträge bezeichnen die Gränze des Rechtsstreits. Sie bilden gleichsam die Actenstücke des mündlichen Processes."

Gewiß kann man dieser Ausführung im Wesentlichen nur beistimmen.

Auch die Bairische Civil-Proceß-Ordnung hat die motivirten Partei-Anträge ganz in der Art, wie der Rheinisch-Französische Proceß und der Bornemann'sche Entwurf als Grundlage der mündlichen Verhandlung angenommen. (Artikel 230 ff. der Bairischen Civil-Proceß-Ordnung.)

Eine wesentliche Abweichung hiervon findet sich aber in dem Entwurfe der Proceß-Ordnung von 1871. Dieser schreibt nur vor, daß in Anwalts-Processen die Anträge der Parteien aus ihren Schriften verlesen werden sollen. (§ 122 der Proceß-Ordnung.) Motivirte Anträge der Parteien und deren schriftliche Ueberreichung kennt er nicht.

Der Unterschied zwischen bloßen Anträgen und schriftlich überreichten motivirten Partei-Anträgen springt in die Augen. Daß die letzteren eine vollkommen ausreichende schriftliche Grundlage der mündlichen Verhandlung bilden, zeigt die Erfahrung in Frankreich, den Rheinlanden und jetzt auch in dem Königreich Baiern. Die bloßen Anträge dagegen können bei einigermaaßen schwierigen Sachen niemals als Grundlage der mündlichen Verhandlung ausreichen.

In den Motiven des Entwurfs haben wir vergebens nach einem Grunde gesucht, weshalb derselbe hinsichtlich der Partei-Anträge von den bewährten Vorschriften des Rheinisch-Französischen und Bairischen

Processes abgewichen ist und auch die Motive des Bornemann'schen Entwurfs außer Acht gelassen hat.

Allerdings heißt es Seite 220 der Motive des neuen Entwurfs:

„auch das Sitzungs-Protokoll und der Thatbestand des Urtheils erster Instanz sollen zur Fixirung des Sachverhältnisses dienen."

Allein Nichts würde ermüdender, zeitraubender und für die Gründlichkeit des Verfahrens gefährlicher sein, als wenn ein erheblicher Theil des Sachverhältnisses regelmäßig im Sitzungs-Protokoll, d. h. in einer in Gegenwart von fünf Richtern und den Anwälten aufgenommenen Verhandlung constatirt werden sollte.

Was aber den Thatbestand des ersten Erkenntnisses betrifft, so wird dieser ja erst nach erfolgter Entscheidung erster Instanz aufgenommen, er kann also nur für die ferneren Instanzen von Werth sein. In der Nicht-Einführung der motivirten Partei-Anträge und deren Ersatz durch die bloßen Anträge sehen wir daher eine unpraktische Uebertreibung des Princips der Mündlichkeit.

Diese ist besonders gefährlich mit Rücksicht auf die Art, wie der Entwurf den Beweis-Antritt behandelt.

Wenden wir uns zunächst zu der Frage der Beweis-Angabe und Beweis-Aufnahme im Processe!

## IV. Beweis-Angabe und Beweis-Aufnahme im Processe betrachtet mit Rücksicht auf die Bestimmungen des neuen Entwurfs.

§ 8. Beweis-Angabe und Beweis-Aufnahme im Processe.

### a. Beweis-Angabe.

Der Entwurf weicht in Bezug auf die Beweis-Angabe ab von den Bestimmungen des Rheinisch-Französischen und Hannoverschen Verfahrens; diese Abweichung scheint auf den ersten Anblick wenig Bedeutung zu haben, möchte sich aber wohl in der Praxis als recht erheblich und sehr nachtheilig bewähren.

Das Rheinisch-Französische wie das Hannoversche Verfahren trennen nämlich die Aufstellung der Behauptungen der Parteien von der Angabe der Beweise.

Nur wenn sich ein Anspruch auf Urkunden gründet, sind diese der betreffenden Schrift sofort in Abschrift beizufügen, weil sich sonst der Gegner darüber nicht erklären kann. Im Uebrigen sind die Parteien zwar befugt, aber nicht verpflichtet, sofort Beweismittel für ihre Behauptungen anzugeben. Die Nothwendigkeit der Angabe von Beweismitteln tritt erst ein, nachdem das Gericht in der mündlichen Verhandlung ausgesprochen hat, über welche Thatsachen Beweis zu erheben sei. (Code de procédure civile, livre 2, tit. 12, art. 255 ff.)

Diese Trennung der Angabe der Beweismittel von den Behauptungen der Parteien hat zwei Vorzüge:

1) Die Schriftsätze sind weit kürzer und übersichtlicher, wenn sie nicht neben den Behauptungen der Parteien auch Beweis-Angaben enthalten müssen. Dasselbe gilt vom mündlichen Vortrage der Parteien.
2) Wenn jede Thatsache, schon ehe man weiß, ob sie überhaupt bestritten werden oder vom Richter für erheblich erachtet wird, mit Angabe von Beweismitteln unterstützt werden muß, so

werden die Beweismittel erfahrungsmäßig mit weniger Sorgfalt angegeben, als da, wo die Partei erst dann ihre Beweismittel angiebt, wenn sie weiß, daß die Thatsache, auf die der Beweis sich bezieht, vom Gegner bestritten und vom Gericht für erheblich erachtet ist.

Hier kommt noch in Bezug auf das mündliche Prozeß-Verfahren hinzu, daß dies in allen Sachen, die nicht ganz einfach sind, durchaus unübersichtlich wird, wenn die Beweis-Angabe mit der Aufstellung der factischen Behauptungen verbunden wird.

In den alt-Preußischen Provinzen, wo bekanntlich nach erfolgtem Schriften-Wechsel eine mündliche Verhandlung stattfindet, macht sich dieser Nachtheil um deswillen wenig geltend, weil das Gericht hauptsächlich auf Grund der schriftlichen Acten entscheidet, aus denen der Richter bei der Berathung nach der mündlichen Verhandlung, in welcher selten von den Beweismitteln überhaupt die Rede ist, die schriftlich angegebenen Beweismittel zu entnehmen pflegt.

Anders ist es nun aber bei dem rein mündlichen Verfahren, wie der Entwurf der Prozeß-Ordnung solches beabsichtigt.

Der Entwurf schreibt nun aber vor, daß alle Beweis-Mittel vor Erlaß des Beweis-Resoluts, also spätestens in der mündlichen Verhandlung, in der dies Resolut erlassen wird, anzugeben sind. Man könnte zu Gunsten dieser Vorschrift anführen, daß sie geeignet sei, den Gang des Processes zu beschleunigen, allein bei irgend wichtigern Sachen ist dies nicht der Fall, denn wenn z. B. der Kläger in der ersten mündlichen Verhandlung Beweismittel für seine Behauptungen angiebt, so wird man doch zunächst dem Beklagten Gelegenheit geben müssen, sich über diese Beweismittel zu erklären, namentlich seine etwaigen Einwendungen gegen die benannten Zeugen vorzubringen, ehe der Beweis beschlossen wird.

Es wird also gerade bei strenger Ausführung des Entwurfs sehr häufig dahin kommen, daß in der ersten mündlichen Verhandlung Nichts beschlossen werden kann, als Ansetzung eines neuen Termins, damit über die von der einen Partei in der mündlichen Verhandlung vorgebrachten neuen Beweismittel erst eine Erklärung der Gegen-Partei erfolgen könne.

Die Verfasser des Entwurfs haben sich die Nachtheile der Verbindung des Beweises mit den Behauptungen nicht verhehlt. Sie sagen unter anderm (§ 7, S. 227 der Motive):

> „Es entspricht den Anforderungen eines mündlichen Verfahrens, daß der Prozeßstoff einer mündlichen Verhandlung ein thunlichst beschränkter sei, nicht zu Vielerlei und zu Verschiedenartiges umfasse; daß die Möglichkeit leichter Uebersicht gegeben und bei Bestimmung dieser Möglichkeit nur die gewöhnliche durchschnittliche Befähigung von Richtern und Anwälten in Betracht gezogen werde;“

und ferner in § 8, S. 230:

> „Weit erheblichere Bedenken erregt der Umstand, daß . . . im Hauptverfahren . . . ein schwer zu übersehender und nicht ohne große Schwierigkeiten zu beurtheilender Streitstoff sich aufhäufen kann. Dieses ist die Folge der Verbindung des Beweises mit den Behauptungen. . . . Auch fehlt es für ein ungetrenntes

Verfahren von einer solchen Ausdehnung an jedem Vorgange. . . .“

Bei diesen Auslassungen des Entwurfs, denen man gewiß beitreten muß, ist es in der That auffallend, daß der Entwurf an der Verbindung des Beweises mit den Behauptungen festgehalten hat, und möchte man aus den Motiven (S. 231) fast schließen, daß dies mehr aus Rücksicht auf die Beschlüsse der Norddeutschen und der Hannoverschen Proceß-Conferenz als in Folge der eigenen Ueberzeugung der Verfasser des Entwurfs geschehen sei.

Desto eher darf man hoffen, daß eine Aenderung des Entwurfes in dieser Beziehung vor gesetzlicher Einführung desselben, wenn solche überhaupt erfolgt, stattfinden möge.

### b. Die Art der Beweis-Aufnahme des Entwurfs.

In Bezug auf die Erhebung des Beweises schreibt der Entwurf vor:

„§ 295. Die Beweisaufnahme erfolgt vor dem Proceß-Gericht. Sie ist nur in den durch dieses Gesetzbuch bestimmten Fällen einem Mitglied des Proceß-Gerichts oder einem andern Gericht zu übertragen.“

Was speciell Zeugen-Vernehmung betrifft, so schreibt § 314 vor, sie könne nur dann einem Mitglied des Proceß-Gerichts oder einem andern Gericht übertragen werden:

wenn zur Ausmittelung der Wahrheit die Vernehmung des Zeugen an Ort und Stelle dienlich erscheine,

wenn die Beweisaufnahme vor dem Proceß-Gericht erheblichen Schwierigkeiten unterliegen würde,

wenn der Zeuge verhindert sei, vor dem Prozeß-Gerichte zu erscheinen,

wenn der Zeuge in großer Entfernung vom Sitze des Proceß-Gerichts sich aufhalte.

Auch diese Vorschrift weicht ab von dem Rheinisch-Französischen Proceß-Verfahren sowohl, als, soviel uns bekannt, von dem aller neuern Gesetzgebungen.

Im Rheinisch-Französischen Verfahren erfolgt die Beweisaufnahme beim Verfahren der Collegial-Gerichte der Regel nach von einem vom Collegio dazu ernannten Richter; dem Collegio werden demnächst in dem spätern Audienz-Termine die aufgenommenen Beweis-Verhandlungen mitgetheilt. (Code de procédure civile, livre 2 tit. 12 art. 255. „le jugement qui ordonnera la preuve contiendra:

1) les faits à prouver,

2) la nomination du juge, devant qui l'enquête sera faite.“)

Die Oldenburgische Proceß-Ordnung von 1857 schrieb in Artikel 144 die Beweisaufnahme in der Sitzung des erkennenden Gerichts als Regel vor, ließ jedoch ausnahmsweise die Aufnahme des Beweises durch einen deputirten Richter nach dem Ermessen des Gerichts zu. Diese Ausnahme ist aber wegen der außerordentlichen Weitläuftigkeit der Beweisaufnahme vor dem Collegio in der Praxis zur Regel geworden. (Tenge, Präsident, über die Oldenburgische Proceß-Ordnung im Civilistischen Archiv, B. 49 S. 403.)

Die Bairische Prozeß-Ordnung, eingeführt durch Verordnung vom 29. April 1869 und seit 1. Juli 1870 in Kraft, schreibt Artikel 334 vor:

„Gestatten Gegenstand und Art der Beweisführung die Aufnahme des Beweises in der Sitzung, so hat das Beweisurtheil zugleich die Sitzung zu bestimmen, in welcher die Beweisaufnahme vorgenommen werden soll. Andernfalls beauftragt das Gericht damit eins seiner Mitglieder oder ein Einzelgericht des Königreichs."

Auch die Bairische Proceß-Ordnung läßt also, wie Artikel 334 ergiebt, dem Gericht in Zulassung der Beweis-Aufnahme vor dem Einzelrichter weit mehr freie Hand, als dies in dem neuen Entwurfe geschieht.

Prüfen wir die Vortheile und Nachtheile der Beweisaufnahme vor dem Collegio oder einem deputirten Richter.

1) Die Vernehmung der Zeugen und Sachverständigen vor dem erkennenden Gerichtshofe selbst giebt oft einen viel lebendigeren Eindruck und ein klareres Bild von der Sachlage als das bloße Verlesen der Protocolle über Vernehmung der Zeugen.

2) Diesem unleugbaren Vortheile steht aber der Nachtheil entgegen, daß die Vernehmung vor einem Collegio, namentlich, wie der Entwurf will, vor einem Collegio von fünf Mitgliedern, außerordentlich viel mehr Zeitaufwand verursacht, als die Vernehmung vor einem einzelnen Richter.

Der Entwurf sucht diesen Nachtheil dadurch zu verringern, daß er es für zulässig erachtet, die Aussage der vor dem Collegio vernommenen Zeugen gar nicht vollständig niederzuschreiben, sondern blos zu registriren, daß die Zeugen vernommen sind. (§ 140 des Entwurfs.)

Aber dieses Hülfsmittel läßt sich nur leider nicht in allen Fällen anwenden. Wenn beispielsweise von vier vorgeladenen Zeugen einer wegen Krankheit nicht kommt, so daß ein neuer Termin nöthig wird, oder wenn durch die Vernehmung der Zeugen sich erst herausstellt, daß noch anderweite Beweisaufnahme nöthig ist, soll dann etwa auch das Gericht sich mit dem bloßen Vermerke, daß die Zeugen vernommen sind, begnügen, damit dann in einer spätern Sitzung des Gerichts auf Grund dieses Vermerks, sowie dessen, was die Mitglieder des Gerichts von der frühern Verhandlung etwa im Gedächtnisse behalten haben, und auf Grund der spätern Beweisaufnahme über den geführten Beweis geurtheilt werde?

Dies ist gewiß ganz unzulässig, zumal ja doch die Personen der Richter zwischen zwei Sitzungen oft wechseln.

Es liegt allerdings nahe, auch beim Civil-Processe an das Beweis-Verfahren des Criminal-Processes zu denken, welches immer vor dem erkennenden Gerichte stattfindet, allein man darf die große Verschiedenheit zwischen Criminal- und Civil-Sachen nicht außer Acht lassen. In Criminal-Sachen handelt es sich in der Regel nur um ein einziges Factum, nämlich darum, ob der Angeklagte die ihm zur Last gelegte That begangen hat oder nicht; im Civil-Processe sind häufig eine Menge einzelner Thatsachen streitig. Im Criminal-Proceß ist es oft von größter Wichtigkeit, die Zeugen dem Angeklagten persönlich gegenüber zu stellen; im Civil-Processe halten es die Parteien, wenn sie Anwälte haben, selten der Mühe werth, der Vernehmung der Zeugen beizuwohnen.

Im Criminal-Processe sind überdies bei erheblichen und verwickelten Sachen, namentlich bei allen Schwurgerichts-Sachen, die Zeugen meistens schon in der Voruntersuchung vernommen, wodurch ihre Vernehmung in der Hauptverhandlung außerordentlich erleichtert wird.

So wenig man verkennen darf, daß es oft in Civil-Sachen sehr zweckmäßig ist, namentlich bei widersprechenden Aussagen der Zeugen oder Sachverständigen, diese in Gegenwart der Parteien vor dem Collegio zu hören, so wenig paßt eine solche Beweisaufnahme für alle Sachen.

Wozu nun, wie der Entwurf will, den Richter, auf dessen freies Ermessen man doch sonst so viel Gewicht legt, in Beziehung auf die Art der Beweisaufnahme bevormunden? Warum läßt man ihm nicht freie Hand, ob er im einzelnen Falle es zweckmäßig findet, den Beweis vor einem Deputirten oder vor dem Collegio zu erheben? Er selbst muß doch wohl am besten wissen, wie er am kürzesten und einfachsten über die zu beweisende Thatsache sich ein Urtheil bilden kann. Der wahre Grund für die Vorschrift des Entwurfs ist wohl der, daß der Entwurf das Princip der Mündlichkeit bis in seine äußersten Consequenzen verfolgen, es auf die Spitze treiben will, ohne die Bedürfnisse der Praxis genügend zu berücksichtigen.

Die Bestimmungen der §§ 295 und 314 halten wir für zu weit gehende Anwendungen des Princips der Mündlichkeit und sind der Meinung, daß es sich statt dieser Bestimmungen empfehlen würde:

> es lediglich in das Ermessen des Gerichts zu stellen, ob die Beweisaufnahme vor einem deputirten Richter oder vor dem Collegio stattfinden soll.

Von größter Bedeutung nicht blos für die mündliche Verhandlung, sondern für den ganzen Gang des Processes ist nun aber auch die Behandlung der Eventual-Maxime im Processe.

Wenden wir uns nun zu dieser!

## V. Die Eventual-Maxime.

§ 9. Die Eventual-Maxime.

Die Eventual-Maxime findet bekanntlich im gemeinen Deutschen Processe eine sehr ausgedehnte Anwendung. Sie besteht darin, daß alle concurrenten Handlungen desselben Processes zugleich vorzunehmen sind, wenn auch von mehreren mit einander zu verbindenden Handlungen die eine oder andere nur für gewisse Eventualitäten von Bedeutung sein sollte. (Renaud, Lehrbuch des gemeinen Deutschen Civil-Processes, § 79.)

Vermöge dieses Princips muß also z. B. der Beklagte in der Klagebeantwortung der Regel nach die ganze Klage beantworten und zugleich alle seine Einwendungen zugleich vorbringen, widrigenfalls er mit diesen in der ersten Instanz nicht weiter gehört wird.

Der Entwurf der neuen Deutschen Proceß-Ordnung sowohl als bereits der im Jahre 1864 vollendete Entwurf der sogenannten Bornemann'schen Commission beseitigen die Eventual-Maxime gänzlich.

Die Meinungen darüber, ob und unter welchen Bedingungen die

Beseitigung dieser Maxime ohne Nachtheil erfolgen kann, sind noch immer getheilt, daher mag eine nähere Erörterung dieser Frage nicht ohne Interesse sein.

Die Eventual-Maxime verdankt ihre Einführung im gemeinrechtlichen Processe bekanntlich hauptsächlich dem Jüngsten Reichs-Abschiede von 1654. Im Rheinisch-Französischen Verfahren findet sie sich nicht, dagegen besteht in diesem Verfahren die sogenannte Souveränetät des Gerichts, vermöge deren letzteres berechtigt ist, verspätete Anführungen, von denen es überzeugt ist, daß sie blos zur Verschleppung der Sache gemacht werden, ohne Weiteres zu verwerfen. Es ist bisher im Rheinisch-Französischen Verfahren das Bedürfniß der Einführung der Eventual-Maxime nicht gefühlt. Die Processe werden nach dortigem Verfahren im Ganzen weit rascher entschieden, als im gemeinrechtlichen Processe.

Wodurch nun aber war in Deutschland im Jahre 1654 die Einführung der Eventual-Maxime nothwendig geworden?

Hauptsächlich dadurch, daß der Proceß ein rein schriftlicher geworden war; beim rein schriftlichen Verfahren ist aber allerdings schwer ein Ende des Processes zu erreichen, wenn es jeder Partei freisteht, bis zum Erlaß des Erkenntnisses immer noch neue Anführungen zu machen und dadurch die Beendigung des Processes zu verzögern.

Wenn es hierfür eines Beweises bedürfte, so würde solcher in den Erfahrungen liegen, welche man im Gebiete der Allgemeinen Gerichts-Ordnung gemacht hat. Die Allgemeine Gerichts-Ordnung von 1794 hob die Eventual-Maxime so gut wie ganz auf und ließ noch nach Regulirung des status causae et controversiae und erfolgter Beweisaufnahme, bis zum Schluß der Acten, ja unter Umständen selbst noch nach Schluß der Acten neue Anführungen zu. (§ 6 ff. § 19 Th. I. Titel 12 A.G.O.)

Die Folge hiervon war aber eine solche Verzögerung der Processe, daß die Preußische Gesetzgebung durch die Verordnungen vom 1. Juni 1833 und 21. Juli 1846 zur vollen Strenge der Eventual-Maxime zurückgekehrt ist.

Beim mündlichen Proceßverfahren ist das Bedürfniß der Eventual-Maxime nicht in demselben Maaße vorhanden.

Nehmen wir z. B. an, daß jemand aus einem Kaufvertrage 1000 Thlr. rückständige Kaufgelder fordert, so kann der Verklagte seinen mündlichen Vortrag vor dem Gerichte unter Vorbehalt weiterer Einreden zunächst sehr wohl auf die Anführung beschränken, daß überhaupt kein gültiger Kaufvertrag zu Stande gekommen sei, daß das vom Kläger vorgelegte Schriftstück nicht die Erfordernisse eines Kaufvertrages enthalte. Ueber diese Anführungen kann das Gericht sofort Beschluß fassen; fällt dieser Beschluß zum Nachtheile des Beklagten aus, so kann er sofort in derselben Sitzung seine weiteren etwaigen Einwendungen der Compensation des Vergleichs vorbringen.

Sobald aber die Parteien ihre Vorträge in der mündlichen Verhandlung vollständig gehalten haben, beschließt oder erkennt das Gericht und selbstverständlich kann nichts berücksichtigt werden, was nicht von den Parteien bis zum Schlusse ihrer Vorträge angeführt ist.

Der Grundsatz der Souveränetät der Gerichte dient hauptsächlich dazu, bei einem Processe, bei welchem mehrere mündliche Verhandlungen stattfinden, der absichtlichen Verschleppung der Sache vorzubeugen.

Setzen wir folgenden Fall:

Der Kläger fordert 1000 Thlr. als Restkaufgeld für verkauftes Getreide. Der Verklagte behauptet, daß der Preis nicht so hoch wie Kläger angiebt, verabredet sei und daß Kläger seiner Seits den Vertrag nicht gehörig erfüllt habe, indem er zum Theil verdorbenes Getreide geliefert habe, dessen Annahme Verklagter Seits mit Recht verweigert sei. Es wird in der ersten mündlichen Verhandlung Beweis über diese Behauptungen beschlossen, dieser Beweis, der sich wegen der Nothwendigkeit der Vernehmung auswärtiger Zeugen monatelang hinzieht, fällt zum Nachtheile des Verklagten aus. In dem neuen Audienz-Termine macht nun aber Verklagter plötzlich den Einwand, die Forderung des Klägers sei schon vor Einleitung der Klage durch Vergleich beseitigt und bezieht sich zum Beweise dieser Behauptung auf einen auswärtigen Zeugen.

In einem solchen Falle haben die Rheinisch-Französischen Gerichte vermöge der ihnen zustehenden sogenannten Souveränetät das Recht, die neue Anführung, sobald sie annehmen, daß solche blos zur Verschleppung der Sache vorgebracht ist, ohne Weiteres als in dieser Instanz nicht mehr zulässig zurückzuweisen. Mittelst dieser Souveränetät der Gerichte wird im Gebiete des Rheinisch-Französischen Rechts dasselbe erreicht, was im Gebiete des gemeinrechtlichen Processes sowie im sogenannten alt-Preußischen Verfahren, wie solches jetzt im Gebiete der A.G.O. nach den Verordnungen vom 1. Juni 1833 und 21. Juli 1846 gültig ist, durch die Eventual-Maxime erreicht wird. Der Unterschied ist nur der, daß beim ersteren Verfahren die Sache mehr in das Ermessen des Richters gestellt, bei letzterem ein für alle Mal durch bestimmte gesetzliche Vorschrift erledigt ist.

Es kann nun allerdings fraglich sein, welche von beiden Alternativen den Vorzug verdient, das Ermessen des Richters oder die gesetzliche Regel der Eventual-Maxime.

Für die zweite Alternative spricht die Erwägung, daß bei ihrer Annahme dem mehr oder weniger willkürlichen und subjectiven Ermessen kein Spielraum gegeben ist, für die erste aber spricht der Grund, daß die strenge Durchführung der Eventual-Maxime häufig die offenbarsten Verletzungen des materiellen Rechts zur Folge hat, gegen welche es kein Hülfsmittel giebt, als die kostspielige und weitläuftige Anrufung der zweiten Instanz. Das dem so ist, weiß jeder Praktiker, der eine Zeitlang in einem Gebiete gearbeitet hat, wo die Eventual-Maxime gilt.

Wie oft kommt es nicht z. B. im Gebiete des alt-Preußischen Rechts vor, daß in der Duplik oder auch in der mündlichen Verhandlung eine Partei eine Behauptung aufstellt, die an sich offenbar erheblich ist, die aber nicht berücksichtigt werden kann, weil sie schon in der Klagebeantwortung hätte vorgebracht werden müssen. Die Schuld einer solchen Verspätung trägt zuweilen der Anwalt, gewöhnlich aber die Partei, die nicht gehörig Information ertheilt hat.

In derartigen Fällen ist es im Interesse des materiellen Rechts besser, daß, wie im Gebiete des Rheinisch-Französischen Rechts, die Zulassung verspäteter Anführungen in das Ermessen des Richters gestellt ist.

Keine Gesetzgebung wird das freie Ermessen des Richters aus dem Gebiete des Processes ganz verbannen können. Auch in den Processen, in denen die Eventual-Maxime aufs Strengste durchgeführt ist, hängt Vieles vom Ermessen des Gerichts ab, z. B. die mehr oder weniger nahe Ansetzung von Terminen, häufig auch deren Aufhebung oder Verlegung auf Antrag eines Theils, die Verlängerung von Fristen u. s. w. Dem entspricht es, auch die Frage der nachträglichen Zulassung Anfangs übersehener und daher verspäteter Anführungen in das freie Ermessen des Gerichts zu stellen.

Wie haben sich nun zu dieser Frage die neueren Gesetzentwürfe gestellt?

Der Entwurf der Proceß-Ordnung für den Preußischen Staat, unter Leitung des Ministers Bornemann ausgearbeitet und 1864 veröffentlicht, sagt hierüber S. 69 der Motive:

> „Keine Proceßgesetzgebung kann das Eventual-Princip gänzlich entbehren; es ist nicht durchführbar, daß jede Partei jederzeit Neues sollte anführen und dadurch den Proceß unabsehbar sollte fortspinnen dürfen. Freilich ist die Eventual-Maxime in dem Sinne, welcher ihr nach dem Sprachgebrauche des gemeinen und Preußischen Proceßrechts beiwohnt, mit dem Principe der Mündlichkeit des Processes unvereinbar ....... Man kann aber auch ..... dem Gerichte die Befugniß beilegen, Angriffs-, Vertheidigungs- und Beweis-Mittel, welche nach seiner Ueberzeugung zum Verschleif der Sache geltend gemacht werden oder zurückgehalten sind, .... als zur Berücksichtigung nicht geeignet zu verwerfen. Hiermit beschäftigt sich der § 324 ..... Das Princip des § 324 läßt sich auch nicht für ein gefährliches erachten. Der Würde und dem Ansehen des Richteramts entsprechend kann es, wie die Erfahrung im Gebiete des Französischen Rechts lehrt, nur heilsam wirken, sofern nur die Persönlichkeit der Richter den nöthigen Anforderungen genügt."

Dagegen hat der im Jahre 1871 vom Preußischen Justiz-Ministerio veröffentlichte Entwurf einer Deutschen Proceß-Ordnung das Eventual-Princip ganz aufgehoben, ohne dem Gerichte die Befugniß zu geben, nachträglich vorgebrachte Anführungen als blos zur Verschleppung dienend zurückzuweisen. (S. 225 der Motive des gedachten Entwurfs.) Die Motive des Entwurfs bezeichnen die Befugniß, die den Gerichten im Gebiete des Rheinisch-Französischen Processes seit Jahrhunderten zugestanden hat, als auf unzulässiger Willkür des Gerichts beruhend.

Es ist dies einer der Punkte, wo der Entwurf eine neue Theorie aufstellt, die von den bisherigen Theorien und der Praxis aller Gesetzgebungen abweicht und die nach unserer Ansicht in keiner Weise geeignet ist, sich practisch zu bewähren. Es scheint, daß die Verfasser des Entwurfs bei ihrer Theorie von dem Wunsche geleitet sind, durch die fortwährende Zulassung neuer Anführungen in erster Instanz die Appellation entbehrlich zu machen, leider würde aber das gewählte Mittel, ohne diesen Zweck zu erreichen, für die Verhandlungen erster Instanz bei bösem Willen einer der Parteien eine endlose Verschleppung herbeiführen.

## VI. Ueber Rechtsmittel, namentlich das Rechtsmittel der Appellation.

§ 10. Ueber Rechtsmittel.

### a. Ueber die Appellation.

Als eine der größten Garantien des materiellen Rechts hat es seit Jahrhunderten gegolten, daß jeder Partei freisteht, gegen ein Erkenntniß, welches sie für unrecht hält, zu appelliren.

Die Appellation hat die Wirkung, sowohl nach gemeinem Deutschen als nach dem alt-Preußischen und Rheinisch-Französischen Verfahren, daß die ganze Sache noch einmal vor einem andern höhern Richter verhandelt wird, daß auch bei dieser neuen Verhandlung die Parteien befugt sind, neue Anführungen factischer und rechtlicher Natur zu machen und auf diese Weise das, was sie etwa in erster Instanz versäumt haben, zu verbessern. Nur in Bezug auf Objecte von geringerem Betrage (nach alt-Preußischem Rechte in Bezug auf Objecte unter 50 Thlr. Werth) ist die Appellation ausgeschlossen.

Der neue Entwurf einer Deutschen Proceß-Ordnung beabsichtigt nun die Appellation für alle Erkenntnisse collegialischer Gerichte abzuschaffen und dafür blos das Rechtsmittel der Revision einzuführen, bei welchem der Partei die Befugniß neuer Anführungen nicht zusteht.

Wir halten diese Neuerung des Entwurfs für eine verfehlte und wollen nachstehend die Gründe, aus denen wir die Beibehaltung der Appellation für Erkenntnisse von Collegial-Gerichten für nöthig halten, näher darlegen:

1) Ulpian erklärte die Appellation für nützlich, ja beinahe nothwendig zum Schutze gegen die Ungerechtigkeit oder das Ungeschick des ersten Richters. (L. 1 D de appell. „quippe quum iniquitatem judicantium vel imperitiam recorrigat.“) Schon in den Constitutionen der Römischen Kaiser lange vor Justinian ist aber an Stelle dieses Zweckes der Appellation der Gedanke getreten, daß die Appellation den Sieg des materiellen Rechts durch Erneuerung des Rechtsstreits, bei welcher sonach das in erster Instanz Ausgelassene um deswillen nicht auszuschließen sei, vermitteln solle. (Renaud, Deutscher Civil-Proceß § 177. L. 6 § 1 C de appell. „Si quis autem in agendo negotio minus se allegasse litigator crediderit, quod in judicio acto fuit omissum, apud eum, qui de appellatione cognoscit, persequatur, quum, votum gerentibus nobis nihil aliud in judiciis quam justitiam locum habere, necessaria res forte transmissa non excludenda videatur.“)

An dieser Bedeutung der Appellation hat man nicht blos im Deutschen gemeinen Processe, sondern auch im alt-Preußischen und Rheinisch-Französischen, Bairischen, Hannoverschen Verfahren festgehalten.

Dem entsprechend sagte z. B. Waldeck in den Motiven seines Antrags beim ersten Deutschen Juristen-Tag:

„Setzen wir voraus, daß die Proceß-Sachen in erster Instanz von rechtserfahrenen, collegialisch-formirten Gerichten auf mündliche Verhandlung entschieden werden, setzen wir angemessene Fristen und

Formen des Verfahrens voraus, .... so wird trotz alledem eine zweite Instanz unentbehrlich sein, nicht nur, um Einseitigkeiten und Irrthümer der zahlreichen coordinirten Gerichte erster Instanz zu berichtigen, sondern vorzüglich auch deshalb, weil oft erst die Entscheidung erster Instanz eine Nothwendigkeit für die Partei herbeigeführt, neue Gesichtspunkte in Thatsachen und Beweisen geltend zu machen. Demnach ist das allgemein recipirte Rechtsmittel der Appellation mit Recht dazu bestimmt, die Sache in ihrem vollen Umfange unter Zulassung von novis zur Entscheidung eines höhern Gerichts zu bringen."

In der That liegt in den bei Weitem meisten Fällen, in denen in erster Instanz materiell falsch erkannt wird, erfahrungsmäßig die Schuld an dem Versehen einer der Parteien namentlich daran, daß die von einer der Parteien ertheilte Information eine mangelhafte ist.

Auch die größte Sorgfalt der Anwälte kann in dieser Beziehung nicht alle Mängel verhüten, zumal die Aufnahme der Information ja nicht immer durch den Anwalt selbst erfolgen kann, sondern sehr häufig wegen Entfernung der Parteien durch Correspondenz erfolgen muß.

In den Motiven des Entwurfs heißt es freilich, die Partei habe kein Recht, durch das Erkenntniß erster Instanz belehrt zu werden über die richtige Auffassung des Rechtsstreits, aber unstreitig hat der Staat das größte Interesse und die Pflicht, eine möglichst gute Rechtspflege zu schaffen, und eins der wichtigsten Mittel in dieser Beziehung ist eben die Zulassung der Appellation.

2) Es ist in den Motiven des Entwurfs gesagt:

> man gehe im Strafverfahren mit der Absicht um, die Berufung, soweit sie die thatsächliche Seite des Rechtsstreits betreffe, aufzuheben, das Gleiche müsse aber auch für den Civil-Proceß gelten.

Aber der Analogie des Criminal-Processes — auch wenn es schon unbedingt feststehen sollte, daß in diesem die bisherige Appellation abzuschaffen sei — kann man keine entscheidende Bedeutung für den Civil-Proceß beimessen, weil der Civil-Proceß seinem ganzen Wesen nach zu sehr vom Criminal-Processe verschieden ist. So oft man bisher versucht hat, den Civil-Proceß nach dem Muster des Criminal-Processes umzugestalten, hat man fast immer Mißgriffe zu beklagen gehabt; wir erinnern nur an das Inquisitions-Princip, welches Carmer aus dem Criminal-Processe entnahm und in den Civil-Proceß einführte.

Es ist nun aber ferner in den Motiven des neuen Entwurfs (S. 238 ff.) gesagt:

„Für beide Arten des Verfahrens" (d. i. Civil-Proceß und Criminal-Proceß) „greift gleichmäßig die Erwägung Platz, daß bei freier Beweiswürdigung dem untern Richter eine lauterere Quelle der Erkenntniß fließe, als dem höhern Richter, da es praktisch nicht ausführbar sei, eine in erster Instanz vor dem zur Entscheidung berufenen Gerichte erfolgte Beweisaufnahme in der Berufungs-Instanz zu wiederholen. Für das Civilproceßverfahren sei aber noch folgende Erwägung von besonderer Bedeutung, daß man nämlich, wenn man die Berufung in der Gestalt eines neuen Judicium aufgebe, gestatten könne, daß von der Feststellung der Aussagen der Zeugen und Sachverständigen abgesehen werde und das Protocoll sich auf die

Bemerkung beschränke, daß die Vernehmung stattgefunden habe. Auf diese Weise werde den Gerichten die praktische Möglichkeit gewährt, die Vernehmung der Zeugen und Sachverständigen in der Sitzung des Gerichts selbst, von einzelnen Ausnahmefällen abgesehen, eintreten zu lassen."

Auch diese Ausführung können wir nicht für begründet halten.

Wir haben bereits die Gründe angegeben, weshalb wir es für keine Consequenz des mündlichen Verfahrens und noch weniger für wünschenswerth halten, daß die Vernehmung der Zeugen und Sachverständigen der Regel nach vor dem erkennenden Collegial-Gerichte stattfinde. Wollte man aber auch in dieser Beziehung dem Entwurfe beitreten, so würde doch daraus höchstens folgen, daß der Richter zweiter Instanz an die factischen Feststellungen gebunden wäre, die der erste Richter aus der vor ihm erfolgten Vernehmung der Zeugen gefolgert hat, keineswegs aber würde hieraus überhaupt die Unzulässigkeit neuer Anführungen in zweiter Instanz folgen.

Was zunächst die Beweismittel betrifft, so hat der Urkundenbeweis für größere Processe in der Regel mehr Bedeutung als der Zeugenbeweis. In größern kaufmännischen Processen z. B. handelt es sich weit öfter um Auslegung von Schlußscheinen oder kaufmännischer Correspondenz als um Vernehmung von Zeugen. Auch die Zeugen aber werden, selbst wenn man das Princip des Entwurfs annehmen wollte, wegen ihrer Entfernung vom Sitze des Gerichts in sehr vielen Fällen commissarisch vernommen werden müssen. Warum nun also, weil die Wiederholung der Zeugen-Vernehmung der in der Sitzung vernommenen Zeugen in zweiter Instanz nicht leicht zu bewirken ist, auch für den viel häufigeren Fall des Urkundenbeweises oder für den Fall, wo blos commissarische Zeugen-Vernehmung stattgefunden hat, ein abermaliges Urtheil des zweiten Richters über den geführten Beweis und das Vorbringen neuer Beweismittel in zweiter Instanz verbieten?

Und weshalb, selbst wenn man keine neuen Beweismittel über die zum Beweise gestellten Thatsachen zulassen will, auch keine neuen Thatsachen in zweiter Instanz zulassen! Warum nicht wenigstens in dem Falle neue Anführungen in zweiter Instanz zulassen, wenn in erster Instanz ganz ohne Beweisaufnahme oder doch ohne Beweisaufnahme vor dem Collegio erkannt ist?

Wir sind, wie schon bemerkt, Gegner der zwangsweisen Beweisaufnahme vor dem Collegio, allein auch wenn man diese Neuerung einführen wollte, ist dadurch doch immer noch nicht die Abschaffung der Appellation gerechtfertigt.

3) Zur Begründung des neuen Vorschlags ist noch angeführt:

„Im alten Rom sei die Appellation erst eingeführt, seit das alte Staatswesen in Verfall gerathen sei (d. h. seit der Zeit des Augustus). Der ganze Instanzenzug hänge mit der bureaukratischen Gliederung der Beamten-Hierarchie zusammen, und entspreche daher unserer jetzigen Zeitrichtung die Aufhebung der Appellation."

Wäre diese Auffassung richtig, so würde sie ebensowohl gegen die Revision als gegen die Appellation sprechen; auch die Revision hat in Rom bis zur Zeit des Augustus nicht existirt; auch sie setzt doch einen geordneten Instanzenzug und eine gewisse Rangordnung der Gerichte voraus.

In der That aber halten wir diese ganze historische Ausführung nicht für zutreffend. Die Appellation mit einem bestimmten Instanzenzug findet sich im Römischen Processe allerdings erst seit der Zeit des Augustus, allein mit dieser Zeit beginnt auch erst die classische Zeit des Römischen Rechts. Uebrigens hat Savigny, Band 6 S. 496 seines Systems nachgewiesen, daß die historische Grundlage der seit Augustus bestehenden Appellation des Römischen Processes in derjenigen appellatio zu suchen ist, welche schon zur Zeit der Römischen Republik bestand und mittelst deren die Intercession eines gleich- oder höherstehenden Beamten (par majorve potestas) oder eines Volkstribunen gegen jede Verfügung eines Prätors oder sonstigen Beamten angerufen werden konnte.

Es ist ferner unzweifelhaft, daß in Athen seit der Zeit Solons im Civil-Proceß mehrere Instanzen bestanden. Und doch wird man gewiß nicht behaupten wollen, daß in dem demokratischen Athen bureaukratische Einrichtungen geherrscht hätten. In der Schrift des Philosophen Platon über die Gesetze findet sich eine Stelle, die sich auf den Civil-Proceß bezieht, Buch 6 § 366 der gedachten Schrift, und welche wörtlich lautet:

„Jeder Staat würde aufhören ein Staat zu sein, in welchem die Gerichte nicht nach Gebühr bestellt wären. . . . . Vor Allem aber ist es stets nöthig, daß der eigentliche Gegenstand des Streits zwischen beiden Parteien ins richtige Licht gesetzt werde. Um aber die Streitsache klar zu machen, dazu sind zugleich Zeit und Bedächtigkeit und wiederholte Untersuchung dienlich. Deswegen sollen die streitenden Parteien zuerst vor Nachbarn und Freunde und vor solche Leute gehen, welche möglichst mit den streitigen Sachen bekannt sind; und erst wenn man von diesen eine befriedigende Entscheidung nicht erhält, soll man an ein anderes Gericht sich wenden und wenn diese beiden Instanzen dem Streite nicht ein Ende zu machen vermögen, so soll eine dritte das letzte Urtheil sprechen.“

In der That ist es heutigen Tages noch ebenso wahr, wie zur Zeit Platons, daß zu gerechter Entscheidung der Processe „Fleiß, Bedächtigkeit und wiederholte Ueberlegung“ nöthig sind, und eben der Umstand, daß „wiederholte Ueberlegung“ nöthig ist, ist der Hauptgrund, welcher bei den verschiedensten Nationen Veranlassung zur Einführung von Rechtsmitteln und mehreren Instanzen gegeben hat.

Die Geschichte des Processes bietet sonach gewiß keine Gründe für Abschaffung der Appellation dar.

4) In den Motiven des Entwurfs ist noch angeführt, daß die Aufhebung der Appellation von großem Einflusse auf die Organisation der Gerichte sein würde. Sie gewähre die Möglichkeit, mit wenigen Gerichten zweiter Instanz auszukommen, da diese Gerichte ja blos Revisions-Sachen zu behandeln haben würden. Ein Gericht zweiter Instanz werde bei dem vorgeschlagenen Verfahren für eine ganze Provinz ausreichen können.

Wir wollen zugeben, daß dies der Fall sein würde, aber derselbe Zweck wird auch beim Rheinisch-Französischen Verfahren unter Beibehaltung der Appellation erreicht. Das Appellations-Gericht zu Cöln z. B. genügt vollständig als Appellations-Gericht für die reiche und bevölkerte Rhein-Provinz und ist sogar nur sehr schwach beschäftigt.

Der bloße Wunsch, mit einer kleinen Zahl von Gerichten zweiter Instanz auszukommen, kann also keinen Grund zur Abschaffung der Appellation abgeben.

Wir glauben daher, daß der zu Stuttgart abgehaltene Juristen-Tag sehr mit Recht sich für Beibehaltung der Appellation erklärt hat.

### b. Rechtsmittel dritter Instanz.

In Bezug auf die dritte Instanz hat sich die öffentliche Meinung unter den Juristen Deutschlands jetzt wohl übereinstimmend dahin ausgesprochen, daß nur das Rechtsmittel der Nichtigkeits-Beschwerde als zulässig zu betrachten sei. Dies war der Beschluß, den schon der zu Dresden abgehaltene Juristen-Tag auf Antrag Waldecks gefaßt hat.

Er beruht auf der einfachen Erwägung, daß zwar eine zweite Instanz nöthig ist, um Versehen der Parteien oder des Richters gut machen zu können, daß es aber einer dritten Instanz zu diesem Zwecke nicht bedarf, daß dagegen in jedem größeren Staate ein höchster Gerichtshof bestehen muß, um die Einheit des Rechts und Verfahrens aufrecht zu erhalten, damit nicht die Appellations-Gerichte der verschiedenen Provinzen dasselbe Gesetz auf ganz verschiedene Weise auslegen. Dieser Zweck wird erreicht, sobald als Rechtsmittel dritter Instanz die Nichtigkeits-Beschwerde besteht, vermöge deren der höchste Gerichtshof blos prüft:

> ob der Appellations-Richter seine Befugniß überschritten, ob er wichtige, d. h. mit Nichtigkeit bedrohende Vorschriften des Verfahrens außer Acht gelassen hat und ob seine Auslegung des Gesetzes eine richtige ist.

In dieser Gestalt besteht das Rechtsmittel der Cassation oder Nichtigkeits-Beschwerde seit mehr als einem Jahrhundert in Frankreich, es besteht in Belgien, Holland und Spanien, in der Preußischen Rheinprovinz und seit dem 1. Juli 1870 auch in Baiern. (Artikel 788 der Bairischen Proceß-Ordnung.)

Wird nun dem entsprechend die Nichtigkeits-Beschwerde als Rechtsmittel dritter Instanz in Deutschland eingeführt, so ist es sehr wohl möglich, daß für ganz Deutschland ein einziger höchster Gerichtshof gebildet werde. Hat für Frankreich ein einziger Cassationshof als Gericht dritter Instanz seit mehr als einem Jahrhundert genügt, so ist nicht abzusehen, weshalb dies nicht auch für Deutschland der Fall sein soll.

Der neue Entwurf will als Rechtsmittel dritter Instanz die Ober-Revision einführen. Diese soll nur zulässig sein, wenn Differenz-Erkenntnisse erster und zweiter Instanz vorliegen und auch nur unter der Voraussetzung, daß es sich um Verletzung von Rechtsnormen handelt, deren Geltungs-Bereich weiter reicht, als der Bezirk des Revisions-Gerichts. (S. 248 der Motive des Entwurfs.)

Bei dieser Beschränkung des Rechtsmittels der Ober-Revision würde das letztere, wie wohl keiner näheren Ausführung bedarf, niemals geeignet sein, eine solche Rechts-Einheit herbeizuführen, wie sie durch das Rechtsmittel der Nichtigkeits-Beschwerde erreicht wird; auch würde man niemals von einem einheitlichen höchsten Gerichtshofe des Deutschen

Reiches reden können, wenn sich die Rechtsprechung des bestehenden höchsten Gerichts nicht auch auf die Provincial- und Landes-Rechte, z. B. das bürgerliche Gesetzbuch des Königreichs Sachsen erstrecken sollte.

Wir können daher in der Ober-Revision des Entwurfs kein Institut sehen, dessen Einführung wünschenswerth wäre.

§ 11. Die Baiersche Civil-Proceß-Ordn. verglichen mit dem ministeriellen Entwurfe.

Fassen wir nun die vorstehenden Betrachtungen zusammen, so kommen wir zu dem Resultate, daß wir folgende Anforderungen an eine Deutsche Civil-Proceß-Ordnung machen müssen:

1. daß der Proceßbetrieb in den Händen der Parteien und nur die Proceßleitung in den Händen des Gerichts sei;
2. daß in den vor Collegial-Gerichten verhandelten Processen im Allgemeinen Anwaltszwang stattfinde;
3. daß die Hauptentscheidung im ordentlichen Processe auf Grund mündlicher Verhandlung erfolge, daß diese jedoch durch Schriftwechsel vorbereitet werde und daß eine genügende schriftliche Fixirung des Thatbestandes des Processes stattfinde;
4. daß das Princip der Mündlichkeit namentlich auch in Bezug auf die Beweis-Aufnahme nicht zu weit ausgedehnt werde, was namentlich dann der Fall sein würde, wenn man als Regel die Vernehmung sämmtlicher Zeugen in der Sitzung vorschreiben wollte;
5. daß die Eventual-Maxime nur aufgehoben werden kann, wenn man dem Gerichte die Befugniß giebt, solche verspätete Anträge, die nach seinem Ermessen nur zur Verschleppung dienen sollen, ohne Weiteres zurückzuweisen;
6. daß die Appellation als Rechtsmittel zweiter Instanz beizubehalten ist; und
7. daß als einziges Rechtsmittel dritter Instanz die Nichtigkeits-Beschwerde und nicht die Ober-Revision des neuen Entwurfs sich empfiehlt.

In der Hauptsache stimmen wir in diesen Anforderungen überein mit den Grundsätzen, die Waldeck schon im Jahre 1860 als Grundlagen des Deutschen Civil-Processes vertheidigte und die auch dem Entwurfe der Bornemann'schen Commission von 1864 zu Grunde liegen.

Wir finden alle diese Anforderungen verwirklicht in der Bairischen Civil-Proceß-Ordnung.

Diese hat überdies vor jedem andern Entwurfe einer Proceß-Ordnung, der bereits angefertigt ist oder noch angefertigt werden könnte, den sehr erheblichen Vorzug voraus, daß sie bereits in einem Deutschen Lande von mehr als fünf Millionen Einwohnern in praktischer Geltung ist und sich bewährt hat, daß ferner die wichtigsten ihrer Bestimmungen mit dem seit langer Zeit bewährten Verfahren der Preußischen Rheinlande, Frankreichs und Belgiens übereinstimmen.

Dagegen beruht der ministerielle Entwurf von 1871, so viel Vorzüge er im Einzelnen hat, doch in sehr vielen der wichtigsten Grundsätze auf Theorien, die sich bis jetzt nirgend in der Praxis bewährt haben, indem er namentlich das Princip der Mündlichkeit zu weit ausdehnt, indem er das Eventual-Princip beseitigt, ohne das Princip der

Souveränetät der Gerichte anzunehmen und indem er das ganze bisherige System der Rechtsmittel umwirft.

Auch abgesehen davon, daß letztere Neuerung vom Juristentag zu Stuttgart entschieden gemißbilligt ist, dünkt uns die Civil-Proceß-Ordnung für Deutschland ein zu wichtiger Gegenstand, als daß man damit ein gewagtes Experiment machen sollte. Als ein solches Experiment würden wir es aber ansehen, wenn plötzlich im Processe neue noch nirgend bewährte Theorien zur Anwendung gebracht werden sollten.

Man hat gegen die Bairische Proceß-Ordnung eingewendet, daß sie sich zu genau an den Französischen Proceß anschließe, allein wenn ein Gesetz gut ist, so kommt es nicht darauf an, welcher Nation es seine Entstehung verdankt. Haben wir bei unserer Maaß- und Gewichts-Ordnung ein Französisches Muster nachgeahmt, so dürfen wir dasselbe mit demselben Rechte auch bei der Proceß-Ordnung thun. Es ist ein schlechter Patriotismus, etwas Gutes blos um deßwillen zu verschmähen, weil es vom Auslande kommt.

Uebrigens verkennen wir nicht, daß die Bairische Proceß-Ordnung ihre Mängel hat, wie jedes andere Gesetzbuch. Aber die Nation kann nicht so lange auf ein neues Gesetzbuch warten, bis die sämmtlichen Deutschen Theoretiker sich über ein vollkommenes Gesetzgebungs-Werk geeinigt haben werden. Wir sind aber auch keineswegs der Meinung, daß mit Einführung einer gemeinsamen Deutschen Civil-Proceß-Ordnung die Deutsche Gesetzgebung im Gebiete des Processes für alle Zeiten aufhören sollte, wir hoffen vielmehr, daß, sobald erst das neue Gesetzbuch sich eingelebt haben wird, Wissenschaft und Praxis in dessen Fortbildung wetteifern werden.

§ 12. Das alt-Preußische und Hannoversche Proceß-Verfahren. Nothwendigkeit einer gemeinsamen Proceß-Ordn. für Deutschland.

Man könnte noch die Frage aufwerfen, weshalb nicht statt der Bairischen Proceß-Ordnung das sogenannte alt-Preußische oder das Hannoversche Verfahren eingeführt werden könnte. Aber das alt-Preußische Verfahren ist ja nicht codificirt, seine Bestimmungen müssen mühsam aus der zum Theil noch zu Recht bestehenden Allgemeinen Gerichts-Ordnung und den spätern Verordnungen zusammen gesucht werden; dies Verfahren müßte daher erst codificirt werden, ehe man es außerhalb seines jetzigen Geltungs-Bezirks einführen könnte. Und dann haben wir ja gesehen, daß dies alt-Preußische Verfahren den ganzen Proceßbetrieb dem Gerichte läßt und die Wirksamkeit der Parteien und Anwälte aufs Aeußerste beschränkt; hiermit aufs Engste hängt die eigenthümliche Preußische Justiz-Organisation zusammen, vermöge deren die Zahl der Anwälte im Verhältnisse so klein, die der Richter so groß ist, dies hat wieder zur Folge, daß es leichter ist, Richter als Anwalt zu werden, daß viele Richter ihre Stellung blos als Durchgangsstufe zur Advocatur betrachten, so daß es jetzt, wenn der Staat Freiheit der Advocatur einführen wollte, an Richtern zur Besetzung der Stellen fehlen würde.

Wenn man das erwägt, muß man wohl den Plan der Einführung des alt-Preußischen Verfahrens in ganz Deutschland aufgeben.

Was aber den Hannoverschen Proceß betrifft, so hat der Professor von Bar, anerkannt einer der besten Kenner desselben, in seiner

Schrift über Geschichte und Reform der Deutschen Civil-Justiz S. 27 über ihn geurtheilt, „daß man in ihm zwar Mündlichkeit der einzelnen Proceßverhandlungen, aber nicht Mündlichkeit des ganzen Verfahrens habe, daß er gegen Ende des Verfahrens immer mehr verknöchern und schließlich dem gemeinen Processe verzweifelt ähnlich sehe.

Und scheint daher die Annahme der Bairischen Civil-Proceß-Ordnung als allgemeine Deutsche Proceß-Ordnung der beste Weg, zur Gemeinsamkeit des Deutschen Civil-Processes zu gelangen.

Aber höher als jede Proceßtheorie steht uns die Idee der Einheit des Civil-Processes für ganz Deutschland. Im Interesse dieser Einheit würden wir die Einführung einer einheitlichen Proceß-Ordnung für ganz Deutschland auch dann mit Freuden begrüßen, wenn wir mit den einzelnen Bestimmungen der eingeführten Proceß-Ordnung unzufrieden sein sollten.

Druck von Troitzsch & Ostertag in Berlin, Kommandantenstr. 44 a.

FSC
www.fsc.org
MIX
Papier | Fördert
gute Waldnutzung
FSC® C083411

Kolibri 360 GmbH
Ferdinand-Jühlke-Straße 7
99095 Erfurt, Deutschland
produktsicherheit@kolibri360.de